Christian VIDAL

Tant d'eau tonne...

*La cheminée chantait
En flammes rouges et jaunes,
la nature se figeait
dans ses robes d'automne.*

Collection poésie brute

Dédicace

Tant d'eau tonne…
Impression Editions Zibouk - 1ère édition - Octobre 2019
Dépôt légal 31/10/2019 – Isbn N°979-10-93697-00-0

Origine

Un jour j'ai lu un livre
Qui datait d'un an vieux,
Il fit fonction de vivres
Nourriture des cieux.

Et c'est mon écriture
Qui s'en est rassasiée,
Lâchant le débit sur
Un long fleuve d'aimer.

Et depuis je navigue
En coque d'eau de là
Comme un œuf s'irrigue
De réseaux chasselas.

Et je suis le permis
Des volontés du dire,
Jusque dans le réduit
Des ivrognes du pire.

C'est une soûlerie
Qui procure le vertige
En mots de pitrerie
D'un instant qui l'exige.

Comme je suis content
De penser rêverie,
En lutin allumé
D'une bougie de ma nuit.

C'est une douce envie
Qui exclue le malaise,
Je tombe dans le puits
En saveur de trappe aise.

J'en ressors quand je veux
Je suis un malandrin,
Un diable de bons cieux
Qui trompent les coquins.

Jour de pluie

Qu'est qui se Gravelotte
En cette pluie d'automne,
mouille la redingote
mélancolie d'étonne !

En sandales pieds nus
Sur un bitume en flaques,
Je vais à l'inconnu
Des gouttes qui se claquent.

Effacé d'un ciré
En notes de musique,
Longeant les murs briqués
De ce monde aquatique.

Parapluie de tonnerre
En baleines ahuries,
A l'océan des taire
En souci de la vie.

Il en est bien ouvert
Comme d'un jour de chance,
D'un bon dieu en colère,
Averse de la transe !

Et sous ce champignon
Doucement je progresse
En mémoire d'amant
Qui jamais ne se presse.

Dans les mille miroirs
D'une journée de pluie,
Se dresse les espoirs
De tout ce qui se dit.

Ainsi dans le présent
D'une saine vieillesse,
Se forge le bonheur
D'un torrent de sagesse.

Apologie du rêve

Dans un dormi fort tard
Je me suis éveillé,
En conscience de l'art
Qui se plait à rêver.

J'étais au firmament
D'un désir souterrain
Heureux comme un amant
Dans le feu de l'airain.

Si tout était factice
Cela reste prégnant,
Comme les doux sévices
Dans le fort compensant.

Apologie du rêve
Qui est le prosterné,
Des montées de la sève
En veille du passé.

Ainsi on souffre moins
Dans cet art de soigner,
Dans le compter combien
Des profondeurs de plaie.

J'ai vécu le combat
En mode vidéo !
Un drôle de constat
De mon jeu dans le haut.

Tout n'était qu'artifice
En archonte brillant
Au bord du précipice
De ce feu triomphant.

Et le printemps mystique,
Injonction de l'Irma !
Est une plaine érotique
Qui a valeur de loi…

Place de grève

C'est à hue et à dia
Qu'on mène les chevaux
Jusqu'au lieu de misère
Que l'on nomme échafaud.

Ils sont partis devant
En tenant l'âme fière
Le poitrail saillant
La tête altière.

Ils sont les gouvernants
Des changements de matière,
Et c'est dans le puissant
Qu'ils avancent leurs chairs.

Ils ne sont pas bourreaux
Ni même suppliciés,
Ils sont les sombres hérauts
Des tribunaux de faits.

Ultime réponse

Une ultime réponse
D'une question non posée,
Elle est en pierre ponce
Un poil qu'on doit gratter !

Dans le pas si longtemps
D'une déclaration,
Il y a ressentiment
D'un sort de trahison.

Le reproche surgit
Et vient traquer son autre,
D'une fleur au fusil
Qui a perdu sa note.

Si l'on n'est au parfum
De ce dont il s'agit
on ne comprendra rien
de tout ce qui se dit !

Mais c'est bien difficile
De pouvoir dessiner
Dans les contours hostiles
Toute cette bassinée.

Alors on temporise,
Au mieux on batifole,
De ce qui gargarise
Les envies de torgnole.

C'est déjà un bon point
Que de ne pas franchir
Le rubicond sans fin
Des haines du désir !

Et quand on s'interroge
De ce qui peut se suivre,
Il nous reste l'éloge
Et cela peut suffire.

Dédit cassé

A ton surmoi cruel
Autant que tyrannique
Je me casse à tire d'aile
Autant que je panique.

C'est l'instant du présent
Qui n'est pas un cadeau,
Le roi mage est absent
Et sait qu'il a bon dos.

La folie de l'humain
Est une valse essentielle,
Mes yeux sont au lointain
Des neiges éternelles.

Et mon rire de réflexe
Est office de symptôme,
Ce qui reste à prouver
C'est que je sois un homme !

D'octobre

Ce qui vient à tomber
Est une peste noire,
Et sur ma peau bronzée
Perle le teint blafard.

Tout cela est bien triste
Et connu sans mémoire !
Le dernier tour de piste
A des reflets de moire.

Octobre en moi se glisse
De ses premiers effrois,
En chancre syphilis
Au bordel des lois.

J'entends d'autres musiques
Que celles télévisées,
Dans le gonoccoccique
Des gens civilisés.

Transfert

C'est un changement de style
Une phrase de comptoir,
Pour un deuil d'artiste
Qui pleure chaque soir.

C'est un changement de file
Sur le bord d'un trottoir,
Se peut-il que j'existe
Ou est ce déjà trop tard ?

Voyez tout ce qui file
En aurore bord des halles !
Dans ce pli qui insiste
A proclamer le râle !

Je suis libre désormais
Pas forcément génial,
Dans l'écrire ou parler
De mon feu génital !

Parle chemin

Depuis toujours je ris
Plutôt que de pleurer,
En dénoncé du vice
De la réalité.

Façon de se comprendre
Et peut-être s'aimer,
Dans l'énoncé du vide
De toutes ces années.

Et toujours recommence
L'éternel ballet,
De tous les pas de danse
Du verbe dès qu'on naît !

Je saisis au dehors
Des riens de petite vie,
Comme pour sauver le corps
Des monstres de l'envie.

Alors je numérote
Des pages à l'infini,
Pensant que je crevote
D'un feu de poésie.

Elle est mon seul rempart
Et gouverne ma tour,
Serai-je salopard
Dans mon bien cuit au four ?

Toujours la source noire
Vient ombrer mes contours,
De cette lumière phare
Qui brille en alentour.

Et dans ce brouhaha
Confondu d'heurt et glisse,
Je signe l'acte de foi
De l'esprit qui se hisse.

Portrait

C'est une fausse blonde
Elle a le nez crochu,
Son sourire l'inonde
Jusqu'à se montrer nue.

Elle boit un café
En doigts de bonnes manières,
Et remue ses papiers
On sent qu'elle s'affaire.

Quand elle lève la tête
Elle juge l'alentour,
Offrant sa silhouette
Et ses plus beaux atours.

Je m'éprends à l'aimer
Dans un instant fugace,
En reine du botté
Qui jamais ne se lasse.

Promotion

Poète vendeur d'espoir
Non ce n'est pas mon genre,
J'écris au stylo noir
Les rivières du tendre !

Je flirte en canoë
Sur des flots incertains,
Je manie la pagaie
Comme un petit vaurien.

Et puis tout s'agrandit
Au précieux d'un orage,
D'une crue qui gémit
Dans le septième étage !

Ne soyez pas rapide
Dans votre destinée,
Les kayaks stupides
Boivent de l'aigrelet !

Cauchemar

Est ce un bon débarras ?
Je quitte l'âme haillons !
Au diable l'embarras
Je signe chez Flammarion !

Et si Noiram est morte
Elle peut toujours prier
Le sein des bonzes apôtres
Et se mettre en tétée.

Elle a voulu ses clés
Il n'y en avait qu'une !
Je joue dans le fair-play
Je n'ai pas de rancune.

Le hiatus est une faute
Que de seaux dans l'humeur !
Faut-il que je sois « saute » !
D'en être le mot cœur !

Je la laisse aux précieux
De ces charmants bambins,
Golems de l'envieux
Ce sont des bonzes aryens !

Pour ce qui est du sexe
Je n'aime qu'en vertu,
Qu'elle aille voir son ex
Pour lui ouvrir son fut !

C'est là que le bât blesse
En question d'intérêts,
Pourvu que tout ça cesse
Dans sa réalité !

Et d'être déchiré
Je ne suis bien que page,
Comme un bout de papier
En coque de naufrage.

Ode là

C'est la femme qui ponctue
Le sourire du verbe,
Jusque dans les bévues
Des remarques acerbes.

On a vu des loups pires
Se moquer du chrétien,
Par des saveurs de dire
Qui ne mènent à rien.

On a   vu les sous rire
En monnaie peau de chien,
Comme du beurre à cuire
Chez les ninis vauriens.

Et j'en ris maintenant
Comme d'être imbécile,
En mots d'eux de l'antan
Quand tout devient facile.

C'est un autre visage
Que celui du fossile,
Dans un type d'image
De bon dieu péristyle.

La poésie future
Est un demain déjà !
Car les mots nous rassurent
De la peur de l'ode là.

Une mission impossible ?
Soupir télévision !
En série cœur de cible
Pour la compréhension !

Je ne suis pas prophète,
Je vis en un pays,
Où le sens de la fête
Abreuvent les esprits.

Poésie future

Les poésies futures
Se sont déjà écrites
En des vers de suc sur
Des printemps prétérit.

Elles viennent d'un miroir
Qui coule en source vive,
Pour le bonheur du boire
En portée de dérive.

C'est peut-être mission
Que de vouloir survivre,
En chimie de cations
Qui tournent dans les livres.

On se bat, on se rame
Et puis on se pagaie,
Dans les vallées du charme
Et par coups de sagaie.

Je suis la source blanche
De nos cieux rêve over,
En poésie du manche
De tous les revolvers.

Je ne tire qu'à l'escient
Par le trait du bon mot,
Les rêves concupiscents
Des armées de salauds.

C'est une liberté
Qui pointe ses seins drus,
Delacroix des idées
Qui protègent les nues !

Elle flambe la bannière
Des combats de demain,
Dans les bonnes manières
Du cambré de nos reins.

Poésie simplifiée

Poésie simplifiée
Jusqu'à l'épuration,
D'une guerre oubliée
En délibération.

C'est ainsi que s'exprime
Ce qui en pureté,
Est un feu de l'estime
Et de l'humilité.

Poésie simplifiée
En un crâne rasé,
D'une guerre de saignées
Qui s'est déshabillée.

C'est ainsi que se donne
L'éclat des sentiments,
A tous ceux qui pardonnent
De leur entendement.

Poésie simplifiée
Qui conjugue l'étant
D'une guerre signifiée
Des ruines du bon temps.

C'est ainsi que s'imbrique
Tous les affres du temps,
En modèle théorique
De l'antan du présent.

Poésie sanctifiée
Epithète distant !
Par le ver mesuré
De son juxtaposant !

C'est ainsi que langage
Est un maître séant,
Sans force de courage
Que la joie de l'instant.

Pré Novembre

Un soleil brille encore
De son après-midi,
Dans le vert du décor
Digéré du midi.

Il vient laper le ciel
D'une chaleur gentille,
Et montre ainsi l'exemple
De ce qui plait aux filles.

Plus loin dans les épars
D'un gazon de velours,
il ombre des cauchemars
de nos cœurs bien trop lourds.

Je reste assis en l'air
De ces apesanteurs,
A contempler le vent
Des feuilles de la peur.

C'est novembre qui s'annonce
Et cherche déjà son chat,
Au diable des quinconces
Où la nature est loi.

Rien nous est annoncé
Des temps de la Toussaint,
Mais les feuilles séchées
Ont des rires assassins.

Si la sève est un sang
Pour les oiseaux qui couinent,
Les petits et les grands
Attendent l'Halloween !

Et l'on verra partout
Des monstres revenants,
Qui sortent de leur trou
Pour sonner chez les gens !

PMA

Que dire d'un bébé
Sinon qu'il est vertu ?
Par le verbe accoucher
A se présenter nu.

C'est un instant de vie
Aux contours incertains,
De ceux qui ont dit oui
Aux journées de demain.

Car la venue au monde
Est un acte de foi,
Et le rire des Joconde
Le berce dans ses bras.

Tout ce qui se féconde
Est extra d'ordinaire!
Il y a pour s'aimer
De nombreuses manières!

*On invoque souvent
les penchants des bonnes fées,
sur les berceaux mouvants
qui s'endorment aux rêvés.*

*Mais il y a aussi
des mages firmaments,
qui dans le ciel sans bruit
s'émeuvent élégamment.*

*Le mystère de la vie
est un soleil levant,
en bleu rosé qui cuit
la force des aimants.*

*Et puis sur l'horizon
s'accomplit le destin
en lune d'ascension
pour de nouveaux demains...*

Table des matières

« Tant d'eau tonne »

de Christian VIDAL

Tant d'eau tonne en mon cœur
Que le soleil en gronde,
J'en ramasse les feuilles
Que mon stylo inonde…

C'est le premier recueil de Christian VIDAL, poète à Lille. Une poésie entrecoupée d'un chant sur le langage, dans l'air cadeau du temps présent, les joies et peines des amours contrariés et les sujets de sa gracieuse société…

Le présent recueil contient les poèmes suivants :

Origine – Jour de pluie - Apologie du rêve - Place de grève
Ultime réponse - Dédit cassé - D'octobre –Transfert
Parle chemin - Portrait – Promotion – Cauchemar - Ode là
Poésie future - Poésie simplifiée - Pré novembre - PMA

Editions Zibouk - Poesiefuture.com
3 avenue de la Bretagne 59000 Lille

THE SCIENCE OF HAPPINESS